건국대학교 외국어교육원
KONKUK UNIVERSITY FOREIGN LANGUAGE INSTITUTE
연변과학기술대학교
EBC연구센터
中国语
KB271509
하우하오 중국어
이 명 순 지음
2
Elementary Level
기초회화편
정인 출판사
JUNGIN PRESS

주니어 중국어

한국인에게 가장 쉽게 접할 수 언어- 중국어

여러분 안녕하세요!

한국인에게 가장 쉽게 접할 수 있는 언어가 중국어라는 것 아세요? 우리가 어렸을 때부터 한자 공부를 했었죠? 그리고 또 각종 상품의 상표, 길거리에 많은 간판들이 한자로 되어있죠? 한자는 우리에게 아주 친숙한 느낌을 줍니다. 이제는 단순하게 한자 공부만 하는 것보다 중국어를 배우는 것이 훨씬 효과적입니다.

중국은 우리 나라와 가장 가깝고 또 경제·문화적인 교류도 아주 활발합니다. 요즘 중국어만 잘해도 좋은 회사에 들어 갈 수 있을 만큼 중국어의 인기가 정말 대단합니다. 너나 나나 모두 중국어를 배우긴 하지만 실력은 좀처럼 늘지 않습니다. 그 이유는 너무 늦게 시작하기 때문에 혀가 말을 듣지 않습니다. 외국어는 어렸을 때부터 배워야만 아주 자연스럽고 정확한 발음을 할 수 있습니다. 어린이들은 외국어를 어른보다 더 빨리 배우는 능력을 갖고 있습니다. 외국어를 소리나는 대로 받아들이고 모방해 가면서 말 그 자체를 익히다 보면 자기도 모르는 사이에 실력이 팍팍 늡니다. 여러분 한 번 시도해 볼까요?

아주 재미있을 거예요.

CONTENTS
Elementary Level　（기초회화편）1

CONTENTS
Elementary Level　　(기초회화편) 2

이렇게 꾸며져 있습니다.

1) 말하기-혼자서도 할 수 있어요.
   어린이들이 일상생활에서 자주 쓰는 표현과
   관심 있는 주제를 다루었습니다.

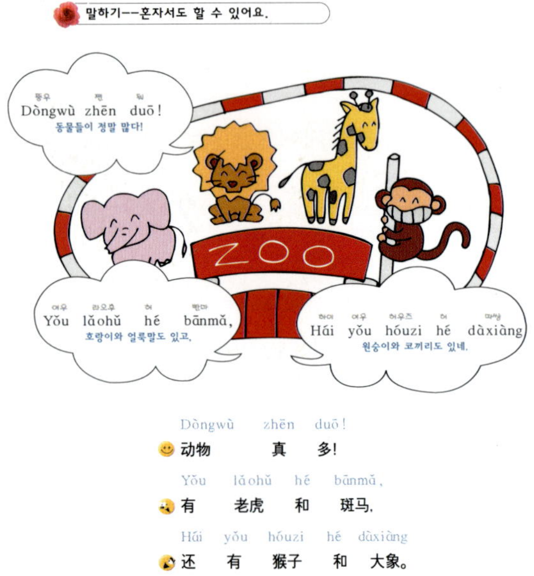

2) 말하기-둘이서 하면 더 재미있어요.
   가장 기본적인 회화를 쉽고 짧게 구성함으로써
   어린이들에게 자신감을 심어줍니다.

3) 읽기
   친숙한 낱말들을 주제별로 정리하였습니다.

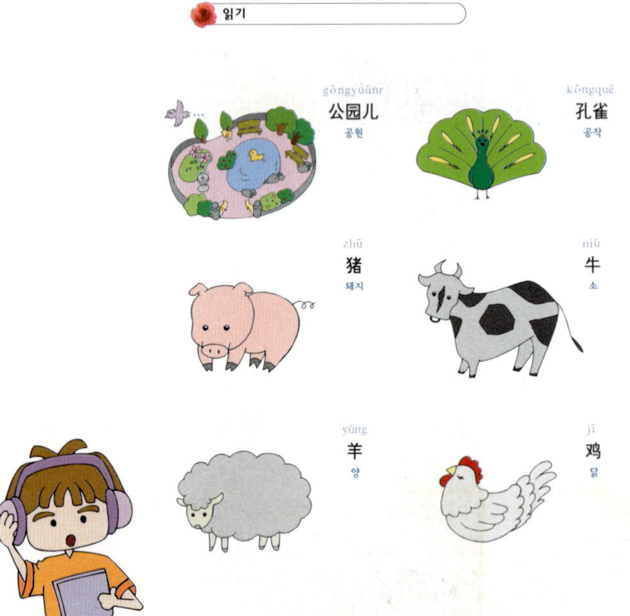

4) 쓰기
   발음과 뜻을 연상하는 한자 쓰기
   코너를 만들었습니다.

5) 듣기
   어학은 귀가 열려야만 마스터가 되기 때문에 특별히 듣기 평가 코너를 설정하였습니다.

제11과

너 누구 기다려?

Nǐ děng shuí
你等谁？ 너 누구 기다려?

말하기-혼자서도 할 수 있어요.

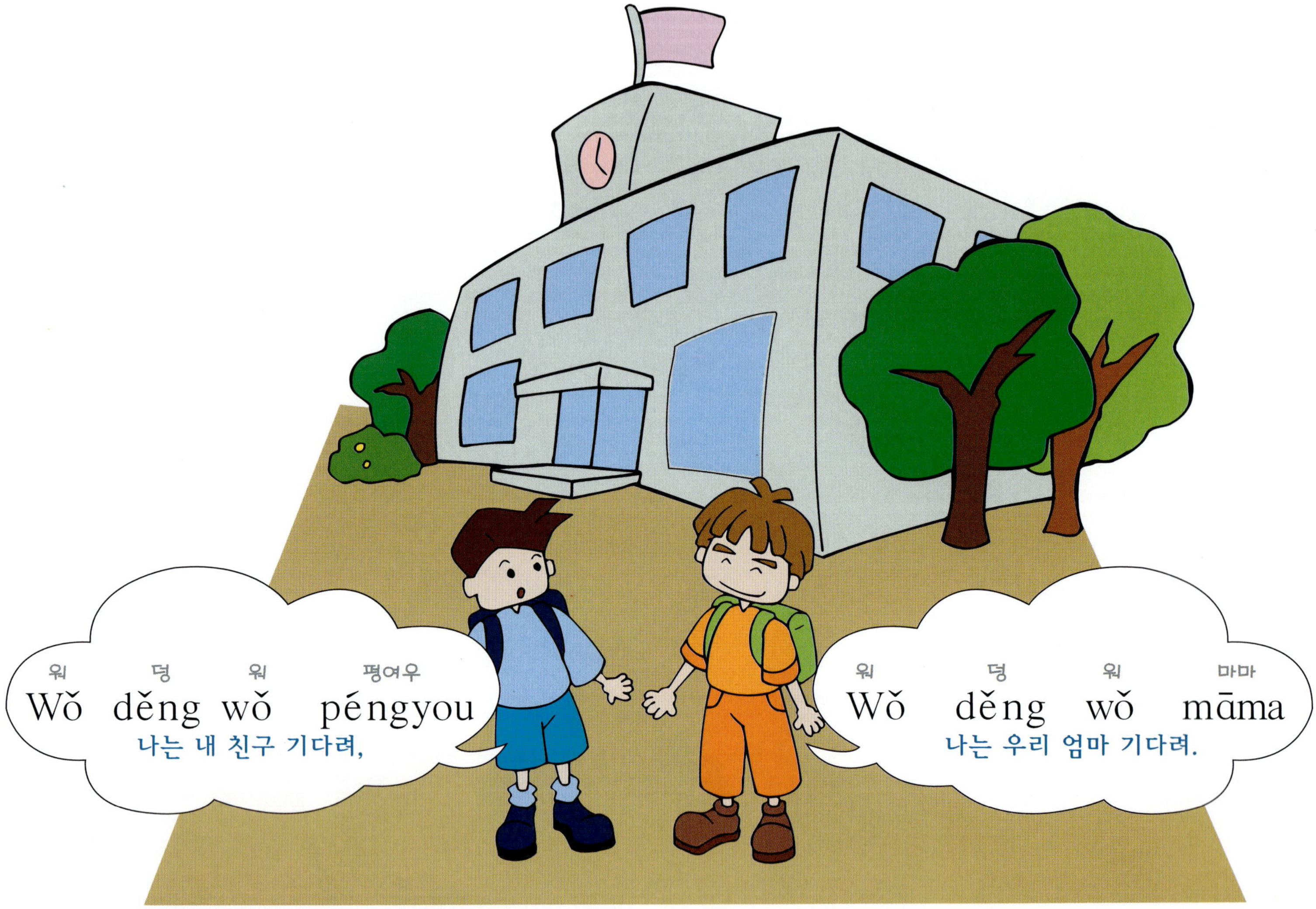

Wǒ děng wǒ péngyou
我　等　我　朋友,

Wǒ děng wǒ māma
我　等　我　妈妈。

말하기—둘이서 하면 더 재미있어요.

Nǐ děng shuí
你 等 谁?
너 누구 기다려?

Wǒ děng wǒ péngyou
我 等 我 朋友。
나 친구 기다려.

Wǒ děng wǒ māma
我 等 我 妈妈。
나 우리 엄마 기다리는데.

Āi nǐ māma lái le
哎, 你 妈妈 来 了。
얘, 너희 어머님 오셨어.

Wǒ xiān zǒu le
我 先 走 了。
나 먼저 갈게.

Míngtiān jiàn
明天 见!
내일 보자!

你等谁？ 너 누구 기다려?

읽기

dàmén

大门
대문

ménkǒu

门口
문어귀

 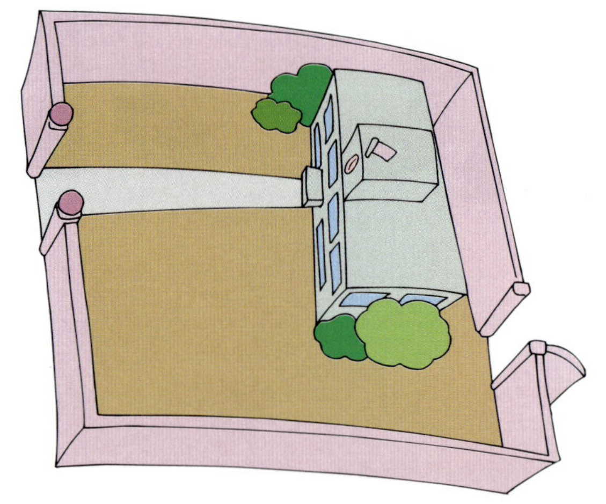

zhèngmén

正门
정문

hòumén

后门
후문

chūkǒu

出口
출구

rùkǒu

入口
입구

운남성 고산농업

 쓰기–단어의 뜻을 생각하면서 쓰기 연습 해보세요.

| děng
等
기다리다 | 等 | 等 | 等 | | |
| 丿 ㅏ ㅤ ㅤ ㅤ ㅤ ㅤ ㅤ ㅤ 等 等 | | | | | |

| shuí
谁
누구 | 谁 | 谁 | 谁 | | |
| 丶 ㅤ 讠 讠 讠 讠 讠 讠 谁 谁 谁 | | | | | |

| xiān
先
우선 | 先 | 先 | 先 | | |
| 丿 ㅤ 牛 牛 先 先 | | | | | |

| dàmén
大门
대문 | 大门 | 大门 | 大门 | | |
| 一 ナ 大 丶 门 门 | | | | | |

| ménkǒu
门口
문어귀 | 门口 | 门口 | 门口 | | |
| 丶 门 门 丨 冂 口 | | | | | |

| zhèngmén
正门
정문 | 正门 | 正门 | 正门 | | |
| 一 丁 下 正 正 丶 门 门 | | | | | |

你等谁？

너 누구 기다려?

11

 듣기-녹음을 잘 듣고 정답을 고르세요.

보기

1)

Wǒ děng wǒ yéye

我 等 我 爷爷

2)

Wǒ děng wǒ péngyou

我 等 我 朋友

3)

Wǒ děng wǒ māma

我 等 我 妈妈

 녹음을 따라 읽으세요.

 녹음을 잘 듣고 정답을 고르세요.

1)

Wǒ děng wǒ nǎinai

我 ___ 我 奶奶。

a. 等　　b. 去

2)

Wǒ xiān zǒu le

我 ___ 走 了。

a. 是　　b. 先

3)

Wǒ děng wǒ bàba

我 ___ 我 爸爸。

a. 是　　b. 等

이거 뭐야?

Zhè shì shénme
这是什么? 이거 뭐야?

말하기—혼자서도 할 수 있어요.

쩌 스 쑤
Zhè shì shū
이것은 책이고,

나 스 번즈
Nà shì běnzi
저것은 노트입니다.

저 스 챈삐
Zhè shì qiānbǐ
이것은 연필이고,

나 스 쑤빠오
Nà shì shūbāo
저것은 책가방입니다.

Zhè	shì	shū
这	是	书。

Nà	shì	běnzi
那	是	本子。

Zhè	shì	qiānbǐ
这	是	铅笔。

Nà	shì	shūbāo
那	是	书包。

12

 말하기–둘이서 하면 더 재미있어요.

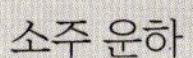

这是什么？ 이거 뭐야?

읽기

qiānbǐhé

铅笔盒

필통

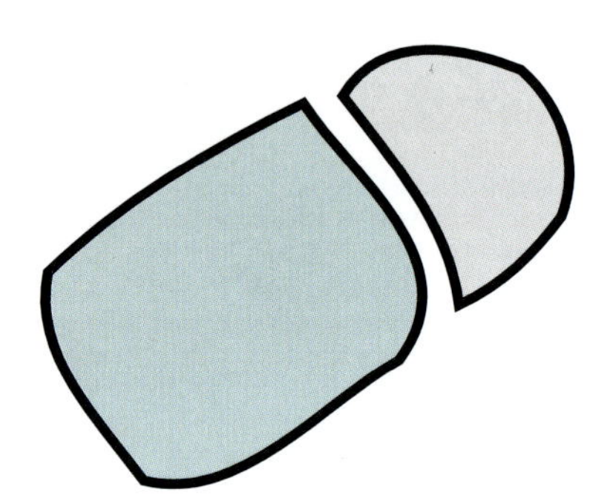

xiàngpí

橡皮

지우개

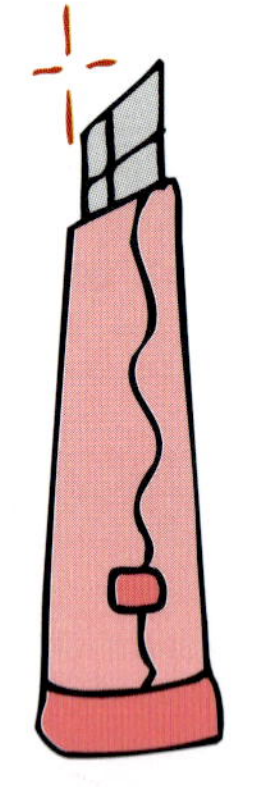

xiǎodāo

小刀

조그만 칼

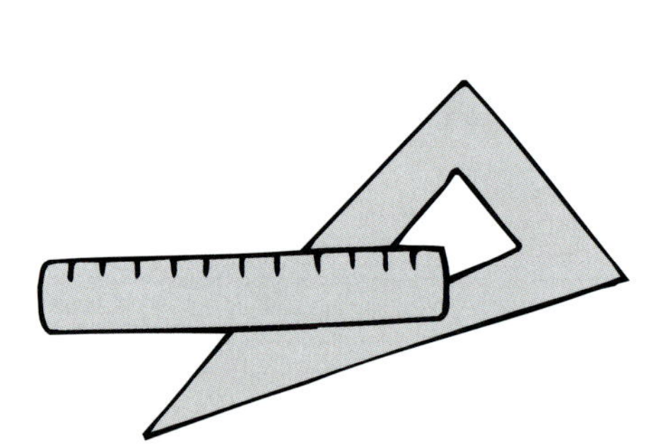

chǐ

尺

자

jiāoshuǐr

胶水儿

풀

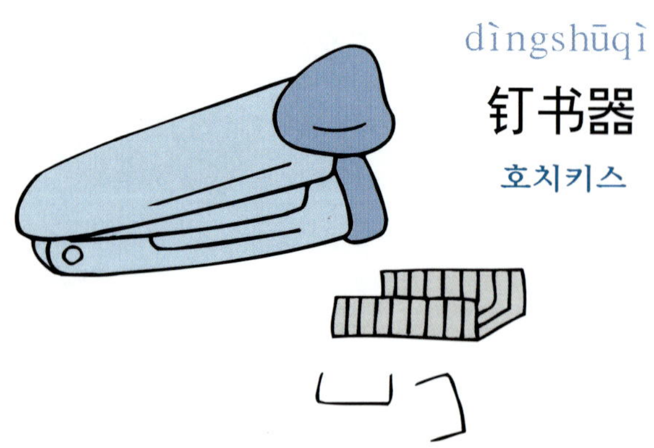

dìngshūqì

钉书器

호치키스

 쓰기—단어의 뜻을 생각하면서 쓰기 연습 해보세요.

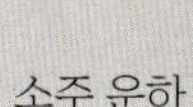

zhè 这 이것	这	这	这		
	` 亠 ヶ 文 这 这				

shì 是 ~이다	是	是	是		
	丨 冂 日 旦 므 무 무 是 是				

nà 那 저것	那	那	那		
	刁 刀 刃 邦 邦 那 那				

qiānbǐ 铅笔 연필	铅笔	铅笔	铅笔		
	丿 仁 仨 乍 钅 钌 钌 钌 铅 铅 笔				

běnz 本子 노트	本子	本子	本子		
	一 十 才 木 本 了 了 子				

shūbāo 书包 책가방	书包	书包	书包		
	ㄱ ㅋ 书 书 丿 勹 勽 匀 包				

Zhè shì shénme
这是什么? 이거 뭐야?

12

 듣기-녹음을 잘 듣고 정답을 고르세요.

  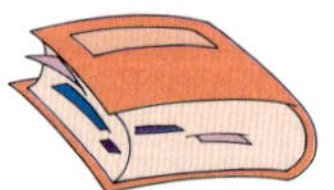 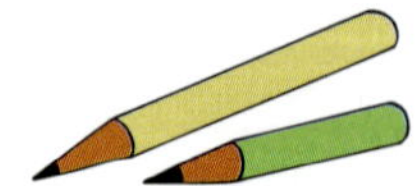

 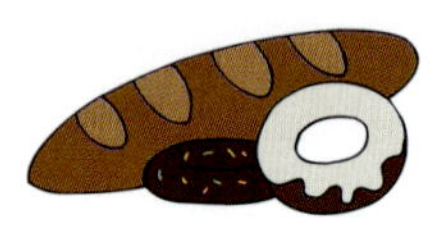

 녹음을 따라 읽으세요.

Zhè shì shénme
这 是 什么?

Zhè shì shūbāo
这 是 书包。

Nà shì shénme
那 是 什么?

Nà shì qiānbǐ
那 是 铅笔。

 녹음을 잘 듣고 정답을 고르세요.

Zhè shì qiānbǐhé
1) 这 ＿＿ 铅笔盒。

Nà shì jiāoshuǐr
2) 那 ＿＿ 胶水儿。

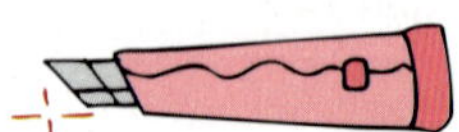

Zhè shì xiǎodāo
3) 这 ＿＿ 小刀。

제13과

오늘은 일요일이다.

Jīntiān xīngqītiān
今天 星期天 오늘은 일요일이다.

말하기-혼자서도 할 수 있어요.

Zuótiān   xīngqīyī
昨天   星期一,

Jīntiān   xīngqīèr
今天   星期二,

Míngtiān   xīngqīsān
明天   星期三。

 말하기—둘이서 하면 더 재미있어요.

Zuótiān　xīngqī　jǐ?
昨天　　星期　　几?
어제 무슨 요일이었어?

Jīntiān　xīngqī　jǐ?
今天　　星期　　几?
오늘은 무슨 요일이니?

Míngtiān　xīngqī　jǐ?
明天　　星期　　几?
내일은 무슨 요일이니?

Zuótiān　xīngqīyī
昨天　　星期一。
어제 월요일이었어.

Jīntiān　xīngqīèr
今天　　星期二。
오늘은 화요일이야.

Míngtiān　xīngqīsān
明天　　星期三。
내일은 수요일이야.

Jīntiān　xīngqītiān
今天　星期天　오늘은 일요일이다.

 읽기

xīngqīyī **星期一** 월요일	xīngqīèr **星期二** 화요일	xīngqīsān **星期三** 수요일
xīngqīsì **星期四** 목요일	xīngqīwǔ **星期五** 금요일	xīngqīliù **星期六** 토요일

xīngqītiān
星期天

일요일

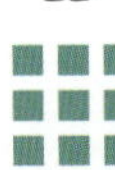

 쓰기

| jǐ
几
몇 | 几 | 几 | 几 | | |
| 丿 几 | | | | | |

| zuótiān
昨天
어제 | 昨天 | 昨天 | 昨天 | | |
| 丨 丨 日 日 日 旷 昨 昨 昨 一 二 于 天 | | | | | |

| jīntiān
今天
오늘 | 今天 | 今天 | 今天 | | |
| 丿 人 人 今 一 二 于 天 | | | | | |

| míngtiān
明天
내일 | 明天 | 明天 | 明天 | | |
| 丨 丨 日 日 日 明 明 明 一 二 于 天 | | | | | |

| xīngqī'èr
星期二
화요일 | 星期二 | 星期二 | 星期二 | | |
| 丨 丿 日 日 尸 尸 星 星 星 一 十 十 井 井 昔 其 期 期 期 期 一 二 | | | | | |

| xīngqīsān
星期三
수요일 | 星期三 | 星期三 | 星期三 | | |
| 星 期 一 二 三 | | | | | |

13

듣기—들리는 발음을 체크하세요.

보기	jīntiān	míngtiān	zuótiān
	xīngqīyī	xīngqīèr	xīngqīsān

녹음을 따라 읽으세요.

보기	jīntiān	jīntiān	jīntiān	jīntiān
	今天	今天	今天	今天

míngtiān	míngtiān	míngtiān	míngtiān
明天	明天	明天	明天

zuótiān	zuótiān	zuótiān	zuótiān
昨天	昨天	昨天	昨天

녹음을 잘 듣고 정답을 고르세요.

Jīntiān　xīngqī　jǐ ?

1) 今天　星期 ____?

Míngtiān　xīngqīèr

2) 明天　星期 ____。

Zuótiān　xīngqīyī

3) 昨天　星期 ____。

제14과
봄이 왔다.

春天来了

봄이 왔다.

말하기-혼자서도 할 수 있어요.

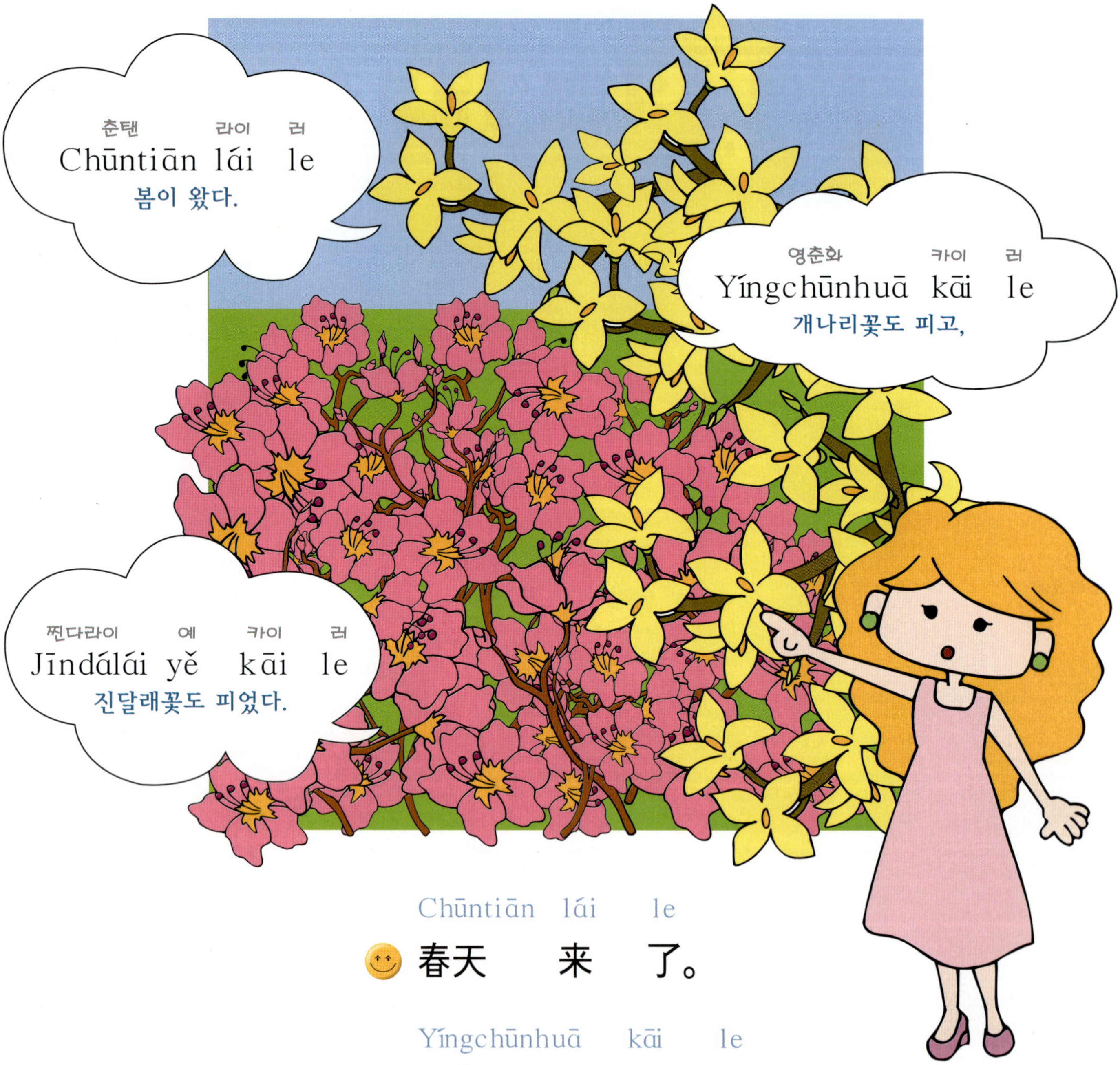

Chūntiān lái le

😊 春天　来 了。

Yíngchūnhuā kāi le

😊 迎春花　　开 了,

Jīndálái yě kāi le

😊 金达莱　也 开 了。

 **말하기-둘이서 하면 더 재미있어요.**

백두산 천지

☺ **迎春花　开　了　吗?**
Yíngchūnhuā　kāi　le　ma?
개나리꽃 피었어?

☺ **开　了。**
Kāi　le
피었어.

☺ **金达莱　开　了　吗?**
Jīndálái　kāi　le　ma?
진달래꽃 피었어?

☺ **开　了。**
Kāi　le
피었어.

☺ **玫瑰花　开　了　吗?**
Méiguìhuā　kāi　le　ma?
장미꽃 피었어?

☹ **没有。**
Méiyǒu
아니.

Chūntiān lái le
春天来了　봄이 왔다.

 읽기

mùjǐnhuā
木槿花
무궁화

mǔdānhuā
牡丹花
모란꽃

yīnghuā
樱花
벚꽃

méiguìhuā
玫瑰花
장미꽃

shuǐhuā
水花
물보라

xuěhuā
雪花
눈보라

 쓰기

| yíngchūnhuā
迎春花
개나리 | 迎春花 | 迎春花 | 迎春花 | | |
| `丿 亻 亻 卬 卬 迎  一 二 三 声 夫 耒 春 春 春  一 艹 艹 艹 芢 花` ||||||

| kāi
开
피다 | 开 | 开 | 开 | | |
| `一 二 于 开` ||||||

| jīndálái
金达莱
진달래 | 金达莱 | 金达莱 | 金达莱 | | |
| `丿 人 全 全 全 全 金 金  一 ナ 大 达 达  一 艹 艹 艹 艹 莱 莱 莱 莱` ||||||

| mùjǐnhuā
木槿花
무궁화 | 木槿花 | 木槿花 | 木槿花 | | |
| `一 十 才 木  一 十 才 木 木 栌 栌 栌 栌 槿 槿 槿 槿 槿 花` ||||||

| mǔdānhuā
牡丹花
모란꽃 | 牡丹花 | 牡丹花 | 牡丹花 | | |
| `丿 一 牛 牛 牛 牡 牡  丿 几 丹 丹 花` ||||||

| xuěhuā
雪花
눈보라 | 雪花 | 雪花 | 雪花 | | |
| `一 ㄈ 示 雨 雨 雨 雪 雪 雪 雪 雪 花` ||||||

14

듣기-녹음을 잘 듣고 정답을 고르세요.

Yíngchūnhuā　kāi　le
1) 迎春花　　　开　了。

Méiguìhuā　yě　kāi　le
2) 玫瑰花　　也　开　了。

Lǎbahuā　méiyǒu　kāi
3) 喇叭花　　没有　开。

녹음을 따라 읽으세요.

1) 迎春花 - yíngchūnhuā　　2) 喇叭花 - lǎbahuā

3) 玫瑰花 - méiguìhuā　　4) 金达莱 - jīndálái

녹음을 잘 듣고 한자를 적어보세요.

méiguìhuā　kāi　le。
1) 玫瑰花　＿＿＿ 了。

yíngchūnhuā　yě　kāi　le。
2) 迎春花　　也　＿＿＿ 了。

lǎbahuā　méiyǒu　kāi。
3) 喇叭花　　没有　＿＿＿ 。

 각자옷에 그려져 있는 꽃이 피었다고 하면 일어서고 아니면 일어서지 못하게 하는 게임

Yíngchūnhuā kāi le
迎春花　开　了。　　개나리꽃이 피었다.

Méiguìhuā kāi le
玫瑰花　开　了。　　장미꽃이 피었다.

Jīndálái yě kāi le
金达莱　也　开　了。　진달래꽃도 피었다.

Mùjǐnhuā yě kāi le
木槿花　也　开　了。　무궁화도 피었다.

Mǔdānhuā yě kāi le
牡丹花　也　开　了。　모란꽃도 피었다.

Lǎbahuā méiyǒu kāi。
喇叭花　没有　开。　　나팔꽃은 안 피었다.

14

春天来了 봄이 왔다.

🌹 배워봅시다.

diū diū diū shǒu juànr qiāoqiāode fàngzài

丢, 丢, 丢 手 绢, 悄悄地 放在

xiǎopéngyou de hòumiàn dàjiā bú yào dǎ diànhuà kuàir kuàir

小朋友 的 后面; 大家 不 要 告诉 他, 快点 快点

zhuōzhù tā! kuàir kuàir zhuōzhù tā!

捉住 他! 快点 快点 捉住 他!

제15과

동물원

Dòngwùyuán
动物园　동물원

말하기-혼자서도 할 수 있어요.

Dòngwù　zhēn　duō!
动物　真　多!

Yǒu　lǎohǔ　hé　bānmǎ,
有　老虎　和　斑马,

Hái　yǒu　hóuzi　hé　dàxiàng
还　有　猴子　和　大象。

15

말하기 — 둘이서 하면 더 재미있어요.

动物园

동물원

15

🌹 읽기

gōngyuánr

公园儿

공원

kǒngquè

孔雀

공작

zhū

猪

돼지

niú

牛

소

yáng

羊

양

jī

鸡

닭

동북지방의 초가농촌

쓰기-단어의 뜻을 생각하면서 쓰기 연습 해보세요.

méiyǒu 没有 없다	没有	没有	没有		
	`丶丶氵氵氵沪沪没有`				

zhēn 真 정말	真	真	真		
	`一十广市古丙直直真真`				

duō 多 많다	多	多	多		
	`丿夕夕夕多多`				

yǒu 有 있다	有	有	有		
	`一ナナ冇有有`				

hé 和 ～와	和	和	和		
	`一二千チ禾禾和和`				

niú 牛 소	牛	牛	牛		
	`丿二丰牛`				

Dòngwùyuán
动物园　동물원

15

듣기–녹음을 잘 듣고 알맞은 단어를 고르세요.

보기

lǎohǔ	bānmǎ	hóuzi
kǒngquè	dàxiàng	zhū

녹음을 잘 듣고 알맞은 그림을 고르세요.

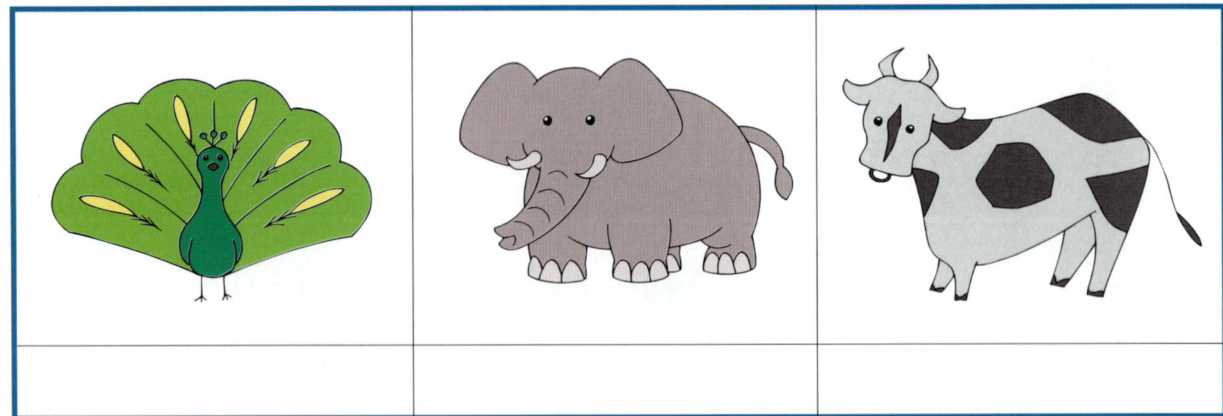

제16과

빨리 줘

16

快给我 빨리 줘

말하기–혼자서도 할 수 있어요.

콰이　게이　워
Kuài　gěi　wǒ
빨리 줘!

콰이　띠알
Kuài　diǎnr
빨리!

콰이　쒀
Kuài　shuō
빨리 말해!

Kuài　gěi　wǒ
快　给　我!

Kuài　diǎnr
快　点儿!

Kuài　shuō
快　说!

 말하기―둘이서 하면 더 재미있어요.

Nǐ yào shénme?
你 要 什么?
뭐 드릴까요?

Wǒ yào hànbǎobāo
我 要 汉堡包。
햄버거 주세요.

Hái yào shénme?
还 要 什么?
또 뭐 필요하세요?

Hái yào yì píng kělè
还 要 一 瓶 可乐。
콜라 한 병 주세요.

Yào bú yào jīchì?
要 不 要 鸡翅?
닭 날개 튀김 드릴까요?

Bú yào le
不 要 了。
아니요, 됐습니다.

Kuài gěi wǒ
快给我 빨리 줘

읽기

bǐsà

比萨

피자

règǒu

热狗

핫도그

Kěndéjī

肯德基

캔터키 치킨

Màidāngláo

麦当劳

맥도널드

Yìdàlì miàntiáo

意大利　面条

스파게티

cǎoméijiàng

草莓酱

딸기 쨈

 쓰기-단어의 뜻을 생각하면서 쓰기 연습 해보세요.

kuài
快
빨리

快　快　快

gěi
给
주다

给　给　给

shuō
说
말하다

说　说　说

yào
要
원하다

要　要　要

hànbǎobāo
汉堡包
햄버거

汉堡包　汉堡包　汉堡包

yìpíng
一瓶
한병

一瓶　一瓶　一瓶

Kuài gěi wǒ
快给我 빨리 줘

듣기-녹음을 잘 듣고 자기가 좋아하는 음식을 적어보세요.

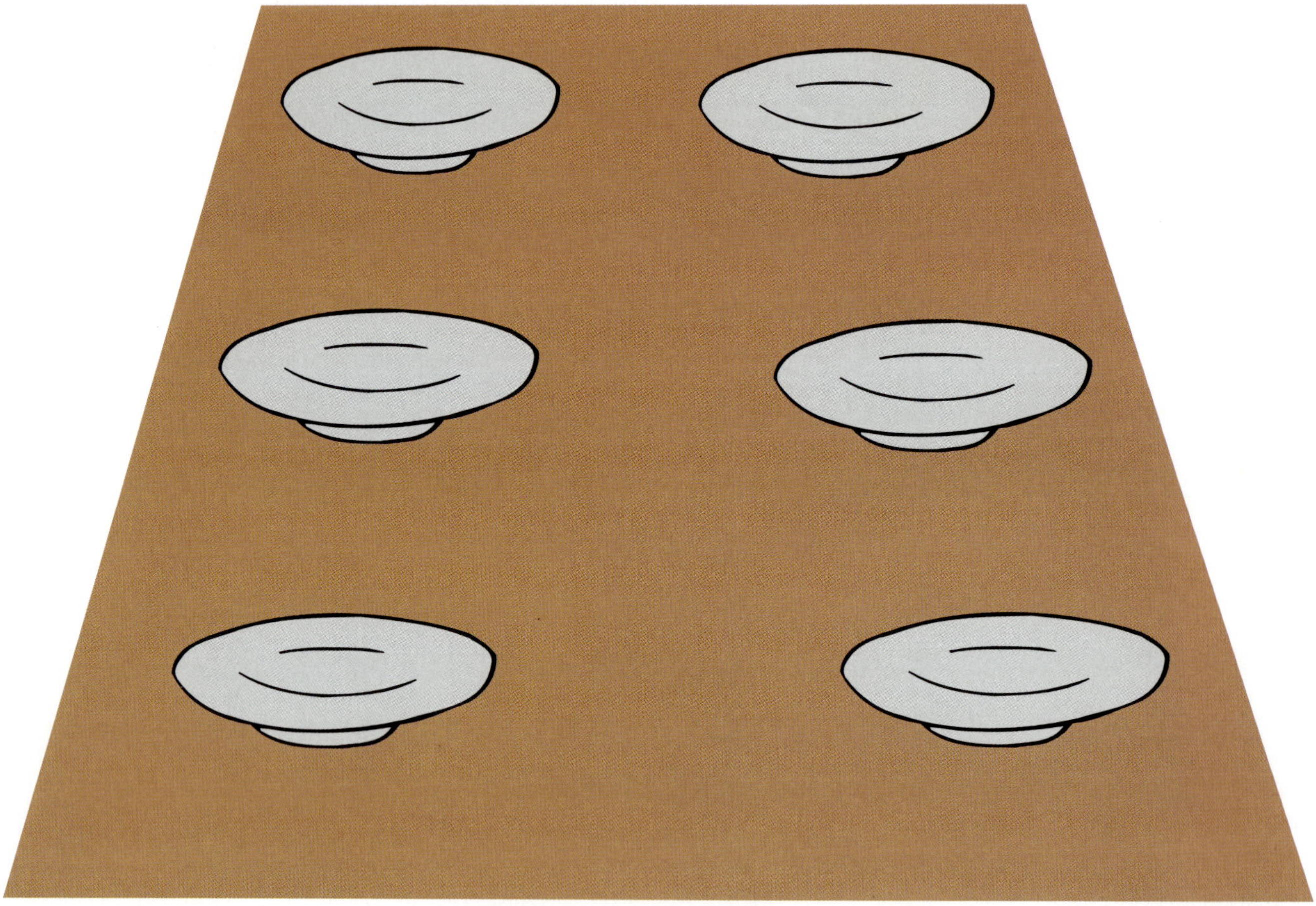

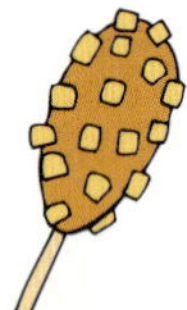

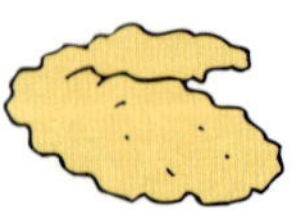

제17과

거실에 뭐가 있어?

客厅里有什么？ 거실에 뭐가 있어?

17

말하기–혼자서도 할 수 있어요.

커팅　리　여우　땐나오　　땐스　　땐화　허　싸파
Kètīng lǐ yǒu diànnǎo、diànshì、diànhuà hé shāfā
거실에는 컴퓨터, 텔레비전, 전화와 쇼파가 있고,

워스　리　여우　이꾸이　허　추앙
Wòshì lǐ yǒu yīguì hé chuáng
침실에는 옷장과 침대가 있고,

추팡　리　여우　땐빙샹　허　웨이버루
Chúfáng lǐ yǒu diànbīngxiāng hé wēibōlú
주방에는 냉장고와 전자 렌지가 있다.

Kètīng lǐ yǒu diànnǎo、diànshì、diànhuà hé shāfā
😊 客厅 里 有 电脑、 电视、 电话 和 沙发。

Wòshì lǐ yǒu yīguì hé chuáng
😊 卧室 里 有 衣柜 和 床。

Chúfáng lǐ yǒu diànbīngxiāng hé wēibōlú
😊 厨房 里 有 电冰箱 和 微波炉。

말하기─둘이서 하면 더 재미있어요.

Nǐ jiā yǒu diànnǎo ma?
你 家 有 电脑 吗?
너의 집에 컴퓨터 있어?

Yǒu
有。
있어.

Nǐ jiā yǒu kōngtiáo ma?
你 家 有 空调 吗?
너의 집에 에어컨 있어?

Dāngrán yǒu
当然 有。
당연히 있지.

Nǐ jiā yǒu qìchē ma?
你 家 有 汽车 吗?
너의 집에 자동차 있어?

méiyǒu
没有。
없어.

Kè tīng lǐ yǒu shénme
客厅里有什么？ 거실에 뭐가 있어?

 읽기

diànfēngshàn
电风扇
선풍기

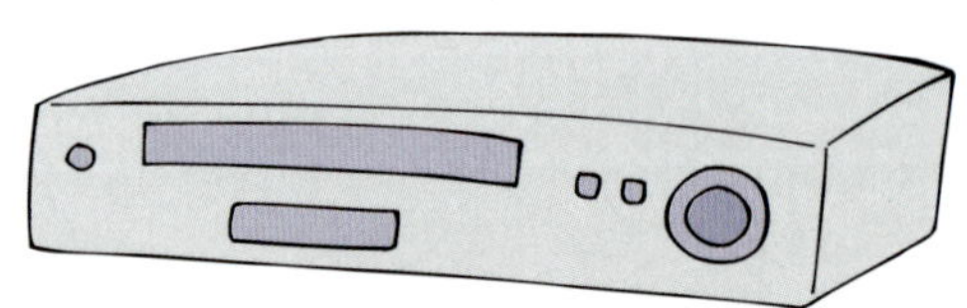

lùxiàngjī
录像机
비디오

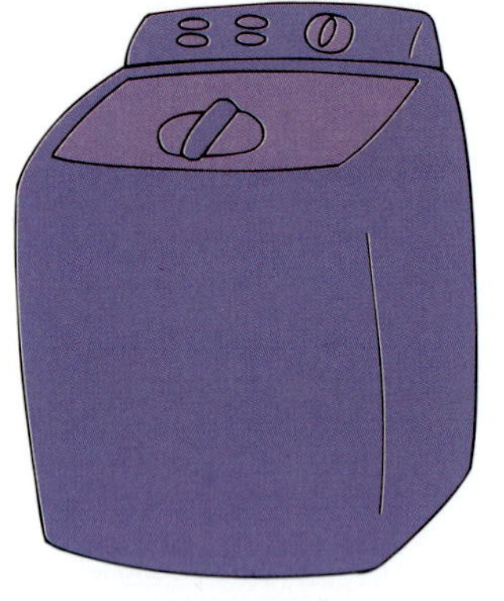

xǐyījī
洗衣机
세탁기

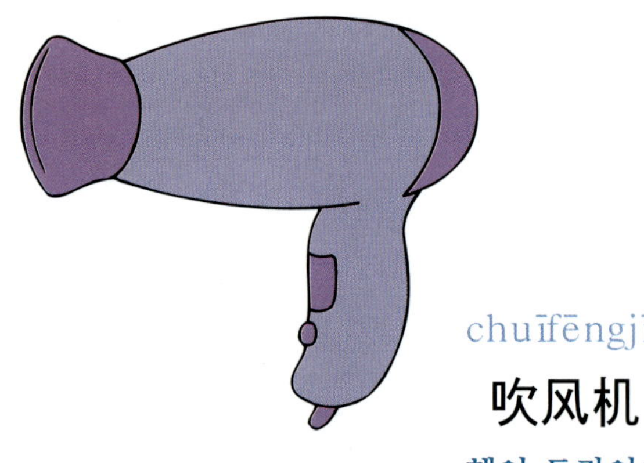

chuīfēngjī
吹风机
헤어 드라이어

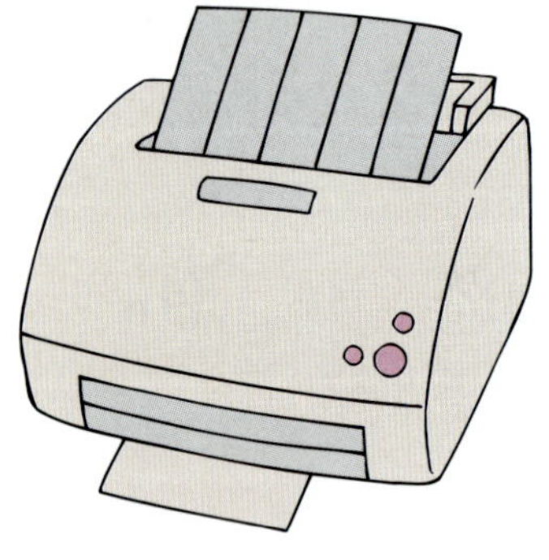

dǎyìnjī
打印机
프린터

shǒujī
手机
핸드폰

 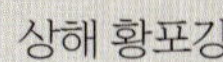 쓰기–단어의 뜻을 생각하면서 쓰기 연습 해보세요.

| yǒu / 有 / 있다 | 有 | 有 | 有 | | |
| 一 ナ 十 右 有 有 | | | | | |

| diànshì / 电视 / 텔레비전 | 电视 | 电视 | 电视 | | |
| 丨 冂 冂 日 电 丶 ㇀ ㄆ ㄔ ネ 初 初 视 | | | | | |

| kōngtiáo / 空调 / 에어컨 | 空调 | 空调 | 空调 | | |
| 丶 ㇇ 宀 ㄏ 穴 穴 空 空 丶 讠 讠 讱 讱 调 调 调 调 | | | | | |

| diànfēngshàn / 电风扇 / 선풍기 | 电风扇 | 电风扇 | 电风扇 | | |
| 电 丿 几 凡 风 丶 ㇇ 宀 户 户 户 户 扇 扇 扇 | | | | | |

| diànbīngxiāng / 电冰箱 / 냉장고 | 电冰箱 | 电冰箱 | 电冰箱 | | |
| 电 丶 冫 冫 冫 冰 冰 ㇒ ⺮ ⺮ 竺 竺 笁 笁 第 箱 箱 箱 箱 | | | | | |

| xǐyījī / 洗衣机 / 세탁기 | 洗衣机 | 洗衣机 | 洗衣机 | | |
| 丶 丶 氵 氵 汇 汼 浐 浐 洗 丶 亠 ナ 衣 衣 一 十 才 材 机 | | | | | |

Kè tīng lǐ yǒu shénme
客厅里有什么？ 거실에 뭐가 있어?

17

듣기—녹음을 잘 듣고 정답을 고르세요.

보기

1) wǒ jiā yǒu kōngtiáo、 diànshì、 shāfā、 chuáng、 diànnǎo
   我 家 有 空调、 电视、 沙发、 床、 电脑。

2) wǒ jiā yǒu diànshì、 shāfā、 diànnǎo、 chuáng、 diànbīngxiāng
   我 家 有 电视、 沙发、 电脑、 床、 电冰箱。

알맞은 그림을 고르세요.

明天我去看电影　明天我去看电影　明天我去看电影　明天我去看电影

제18과

나 내일 영화 보러 간다.

Míngtiān wǒ qù kàn diànyǐng
明天我去看电影 나 내일 영화 보러 간다.

18

 말하기-혼자서도 할 수 있어요.

밍탠 워 취 칸 땐잉
Míngtiān wǒ qù kàn diànyǐng
나는 내일 영화 보러 가고,

허우탠 취 하이삐알
Hòutiān qù hǎibiānr
모레는 해변에 가고,

따허우탠 취 나이나이 쨔
Dàhòutiān qù nǎinai jiā
글피에는 할머님 댁에 간다.

Míngtiān wǒ qù kàn diànyǐng
明天 我 去 看 电影,

Hòutiān qù hǎibiānr
后天 去 海边儿,

Dàhòutiān qù nǎinai jiā
大后天 去 奶奶 家。

 말하기–둘이서 하면 더 재미있어요.

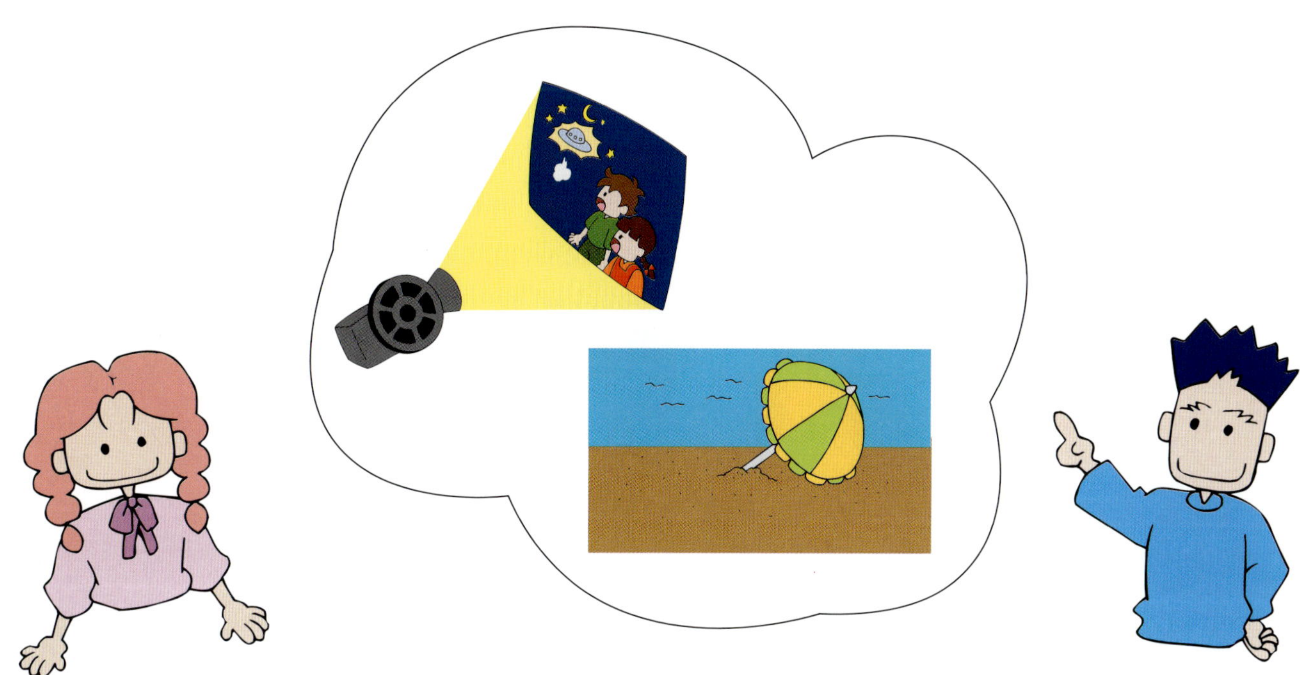

Míngtiān nǐ qì nǎr?
明天 你 去 哪儿?
너 내일 어디 가니?

Míngtiān wǒ qù kàndiànyǐng
明天 我 去 看电影。
내일 영화 보러 가.

Hòutiān ne?
后天 呢?
모레는?

Hòutiān qù hǎibiānr
后天 去 海边儿。
모레는 해변에 가.

Hòutiān wǒ yě qù hǎibiānr
后天 我 也 去 海边儿。
모레 나도 해변에 가는데.

Zhēnde?
真的?
정말?

Zhēnde
真的。
그래, 정말이야.

明天 我 去 看电影
나 내일 영화 보러 간다.

 읽기

wánr

玩儿

놀다.

hēshuǐ

喝水

물 마시다.

tīng yīnyuè

听　音乐

음악을 듣다.

kànshū

看书

책을 보다.

dǎzì

打字

타자를 치다.

diànyǐngyuàn

电影院

영화관

diànyǐngpiào

电影票

영화표

lùxiàngdài

录像带

비디오 테이프

lùyīndài

录音带

카세트 테이프

 쓰기–단어의 뜻을 생각하면서 쓰기 연습 해보세요.

| nǎr
哪儿
어디 | 哪儿 | 哪儿 | 哪儿 | | |
| | 丨 丨 丨 叮 叨 叨 叨 叨 哪 哪 丿 儿 | | | | |

| kàn
看
보다 | 看 | 看 | 看 | | |
| | 一 二 三 丢 手 看 看 看 看 | | | | |

| diànyǐng
电影
영화 | 电影 | 电影 | 电影 | | |
| | 丨 冂 曰 日 电 冖 冖 曰 昌 景 景 景 景 景 影 影 | | | | |

| wánr
玩儿
놀다 | 玩儿 | 玩儿 | 玩儿 | | |
| | 一 二 干 王 玎 玗 玩 玩 儿 | | | | |

| hēshuǐ
喝水
물 마시다 | 喝水 | 喝水 | 喝水 | | |
| | 丨 丨 丨 吖 吅 呡 喝 喝 喝 喝 喝 丿 才 水 水 | | | | |

| yīnyuè
音乐
음악 | 音乐 | 音乐 | 音乐 | | |
| | 丶 亠 立 产 音 音 音 一 厂 乐 乐 乐 | | | | |

18

明天 我 去 看电影 나 내일 영화 보러 간다.

듣기-녹음을 잘 듣고 정답을 고르세요.

보기

1) Míngtiān wǒ qù kàndiànyǐng, hòutiān wǒ qù tīngyīnyuè
明天　　我 去 看电影,　　后天 我 去 听音乐。

2) Míngtiān wǒ qù haǐbiānr, hòutiān wǒ qù kāndiànyǐng
明天　　我 去 海边儿,　　后天 我 去 看电影。

3) Míngtiān wǒ qù tīngyīnyuè, hòutiān wǒ qù haǐbiānr
明天　　我 去 听音乐,　　后天 我 去 海边儿。

알맞은 단어를 적어 보세요.

____

____

제19과

너 올해 몇 살이니?

你今年多大了?

너 올해 몇 살이니?

말하기－혼자서도 할 수 있어요.

Wǒ	bàba	jīnnián	sānshíjiǔ	suì
我	爸爸	今年	三十九	岁,

Wǒ	māma	jīnnián	sānshíbā	suì
我	妈妈	今年	三十八	岁。

Wǒ	jīnnián	shísān	suì
我	今年	十三	岁。

 말하기─둘이서 하면 더 재미있어요.

무이산 대왕봉

Nǐ jīnnián duōdà le?
你 今年 多大 了?
너 올해 몇 살이니?

Shísān suì
十三 岁。
13살.

Nǐ bàbà duōdà niánjì le?
你 爸爸 多大 年纪 了?
너희 아버님은 연세가 어떻게 되셨지?

Wǒ bàba jīnnián sānshíjiǔ suì
我 爸爸 今年 三十九 岁。
우리 아빠는 올해 39세야.

Nǐ māma ne?
你 妈妈 呢?
어머님은?

Wǒ māma jīnnián sānshíbā suì
我 妈妈 今年 三十八 岁。
엄마는 올해 38세야.

Nǐ jīnnián duō dà le?
你今年多大了? 너 올해 몇 살이니?

 읽기

niánjì
年纪
연세

gèzi
个子
키

yìnián
一年
일 년

yìtiān
一天
하루

jiéhūn
结婚
결혼하다

lǎodà
老大
맏이

lǎoèr
老二
둘째

lǎosān
老三
셋째

lǎoxiǎo
老小
막내

무이산 대왕봉

쓰기

jīnnián **今年** 올해	今年	今年	今年		
	ノ 人 △ 今 ノ 厂 厃 与 与 年				

niánjì **年纪** 연세	年纪	年纪	年纪		
	年 ㇄ ㇄ ㇄ 纟 纪 纪 纪				

yìnián **一年** 일 년	一年	一年	一年		
	一年				

yìtiān **一天** 하루	一天	一天	一天		
	一 一 三 天 天				

jiéhūn **结婚** 결혼하다	结婚	结婚	结婚		
	㇄ ㇄ ㇄ 纟 纤 结 结 结 结 乚 乚 女 𡜧 𡛅 妒 娇 娇 婚 婚				

lǎodà **老大** 맏이	老大	老大	老大		
	一 十 土 耂 老 老 一 ナ 大				

19

你今年多大了？ 너 올해 몇 살이니?

🌹 녹음을 잘 듣고 식구들의 나이를 써넣으세요.

🌸 녹음을 잘 듣고 정답을 고르세요.

Wǒ jīnnián shísì suì 。
1) 我 今年 ＿＿＿ 岁。
   A. 10　　B. 14

Nǐ jīnnián duōdà le?
2) 你 今年 多 ＿＿＿ 了？
   A. 打　　B. 大

Nǐ yéye duōdà niánjì le?
3) 你 爷爷 多大 ＿＿＿ 了？
   A. 岁　　B. 年纪

우리 아빠

Wǒ bàba
我爸爸 우리 아빠

20

말하기 - 혼자서도 할 수 있어요.

Wǒ bàba shì dàxué jiàoshòu, Tā zài Jiànguó dàxué gōngzuò

😊 我 爸爸 是 大学 教授, 😊 他 在 建国大学 工作。

Wǒ māma shì dàifu, Tā zài yīyuàn gōngzuò

😊 我 妈妈 是 大夫, 😊 她 在 医院 工作。

Nǐ bàba zuò shénme gōngzuò?
你 爸爸 做 什么 工作?
너희 아버님은 어떤 일을 하시니?

Wǒ bàba shì dàxué jiàoshòu
我 爸爸 是 大学 教授。
우리 아빠는 대학교 교수야.

nǐ māma zuò shénme gōngzuò?
你 妈妈 做 什么 工作?
너희 어머님은 어떤 일을 하시니?

Wǒ māma shì dàifu
我 妈妈 是 大夫。
우리 엄마는 의사야.

Nǐ māma zài nǎer gōngzuò?
你 妈妈 在 哪儿 工作?
너희 어머님은 어디에서 근무하니?

Wǒ māma zài yīyuàn gōngzuò
我 妈妈 在 医院 工作。
우리 엄마는 병원에서 근무해.

我 爸 爸

우리 아빠

읽기

yòuéryuán
幼儿园
유치원

xiǎoxué
小学
초등학교

yòuéryuán lǎoshī
幼儿园 老师
유치원 선생님

xiǎoxué shēng
小学生
초등학생

zhōngxué
中学
중학교

dàxué
大学
대학

zhōngxuéshēng
中学生
중학생

dàxuéshēng
大学生
대학생

yánjiūshēng
研究生
대학원생

bóshì
博士
박사

 쓰기

zuò 做 하다	做	做	做		
	ノ イ 仁 仁 什 估 估 做 做 做 做				

gōngzuò 工作 일하다	工作	工作	工作		
	一 丁 工 ノ イ 仁 仁 作 作 作				

jiàoshòu 教授 교수	教授	教授	教授		
	一 十 土 耂 考 孝 孝 孝 教 教 教 一 十 扌 扌 扩 护 护 押 授 授				

dàifu 大夫 의사	大夫	大夫	大夫		
	一 ナ 大 一 二 ヺ 夫				

yòuéryuán 幼儿园 유치원	幼儿园	幼儿园	幼儿园		
	ㄴ ㄠ ㄠ 幻 幼 ノ 儿 丨 冂 冂 月 园 园 园				

xiǎoxuéshēng 小学生 초등학생	小学生	小学生	小学生		
	亅 小 小 丶 ヽ ヽ ⺍ 学 学 学 ノ ト 仁 生 生				

Wǒ bàba
我 爸爸 우리 아빠

듣기-녹음을 잘 듣고 정답을 고르세요.

Wǒ māma shì dàifu, Wǒ bàba yě shì dàifu
1) 我 妈妈 是 大夫, 我 爸爸 也 是 大夫。

Wǒ māma shì dàifu, Wǒ bàba shì jiàoshòu
2) 我 妈妈 是 大夫, 我 爸爸 是 教授。

그림을 보면서 녹음 따라 읽으세요.

녹음을 잘 듣고 한자를 적어보세요.

Nǐ māma zuò shénme gōngzuò?
1) A : 你 妈妈 ___ 什么 工作?

Wǒ māma shì dàifu
B : 我 妈妈 ___ 大夫。

Nǐ bàba zài nǎr gōngzuò?
2) A : 你 爸爸 ___ 哪儿 工作?

Wǒ bàba zài dàxué gōngzuò
B : 我 爸爸 在 _____ 工作。

듣기 평가 답안

11 你等谁?　　　너 누구 기다려?

듣기 :

1. 녹음을 잘 듣고 정답을 고르세요.
   정답 : 3) 我　　等　　我　　妈妈
   　　　　　Wǒ　děng　wǒ　māma

   녹음 내용 : 我等我妈妈。

2. 녹음을 따라 읽으세요.
   녹음 내용 :
   　　A : 你好!
   　　　　Nǐhǎo
   　　B : 你好!
   　　　　Nǐhǎo
   　　A : 你　　等　　谁?
   　　　　Nǐ　děng　shuí
   　　B : 我　　等　我　　朋友。
   　　　　Wǒ　děng　wǒ　péngyou

   　　A : 我　先　　走　了.　　再见。
   　　　　Wǒ　xiān　zǒu　le　zàijiàn
   　　B : 再见。
   　　　　Zàijiàn

3. 녹음을 잘 듣고 정답을 고르세요.

   정답 :
   　　1) A 等

   　　2) B 先

   　　3) B 等

녹음 내용 :

   1) 我等我奶奶。

   2) 我先走了。

   3) 我等我爸爸。

12　这是什么?　　이거 뭐야?

듣기 :

1. 녹음을 잘 듣고 정답을 고르세요.

정답 : 책 -- 연필이 그려져 있는 그림

녹음내용 : 这是书，那是铅笔。

2. 녹음을 따라 읽으세요.

녹음 내용 :

   A : 这　是　什么?
      Zhè　shì　shénme

   B : 这　是　书包。
      Zhè　shì　shūbāo

   A : 那　是　什么?
      Nà　shì　shénme

   B : 那　是　铅笔。
      Nà　shì　qiānbǐ

3. 녹음을 잘 듣고 정답을 적어보세요.

정답 :

   1) 这　是　铅笔盒。
      Zhè　shì　qiānbǐhé

2) 那　　是　　胶水儿。
　　Nà　　shì　　jiāoshuǐr

3) 这　　是　　小刀。
　　Zhè　　shì　　xiǎodāo

녹음 내용 :
1) 这是铅笔盒。

2) 那是胶水儿。

3) 这是小刀。

13　今天星期天　　　오늘은 일요일이다

듣기 :

1. 들리는 발음을 체크하세요.

정답 : jīntiān　　míngtiān　　xīnqīsān

녹음 내용 :　明天 -- míngtiān
　　　　　　　今天 -- jīntiān
　　　　　　　星期三 -- xīngqīsān

2. 녹음을 따라 읽으세요.

녹음 내용 :

今天	今天	今天	今天
jīntiān	jīntiān	jīntiān	jīntiān
明天	明天	明天	明天
míngtiān	míngtiān	míngtiān	míngtiān

昨 天　　　昨 天　　　昨 天　　　昨 天
zuótiān　　zuótiān　　zuótiān　　zuótiān

3. 녹음을 잘 듣고 한자를 적어보세요.

정답 :

1) 今天星期几?

2) 明天星期二。

3) 昨天星期一。

녹음 내용 :

1)今天星期几?

2)明天星期二。

3)昨天星期一。

 14　春天来了　　봄이 왔다

듣기 :

1. 녹음을 잘 듣고 정답을 고르세요.

정답 :

1) 迎春花　　　开　　了。
　　Yíngchūnhuā　kāi　　le

2) 玫瑰花　　　也　　开　　了。
　　Méiguìhuā　　yě　　kāi　　le

듣기평가 답안

    녹음 내용 : 迎春花开了.　玫瑰花也开了。

2. 녹음을 따라 읽으세요.

    녹음 내용 :
    1) 迎春花 -- yíngchūnhuā
    2) 喇叭花 -- lǎbahuā
    3) 玫瑰花 -- méiguìhuā
    4) 金达莱 -- jīndálái

3. 녹음을 잘 듣고 한자를 적어보세요.

    정답 :
    1) 玫瑰花开了。
    2) 迎春花也开了。

    3) 喇叭花没有开。

    녹음 내용 :
    1) 玫瑰花开了。

    2) 迎春花也开了。

    3) 喇叭花没有开。

15　动物园　　　　　　　동물원

듣기 :

1. 녹음을 잘 듣고 알맞은 단어를 고르세요.
    정답 : bānmǎ , kǒngquè, dàxiàng

녹음 내용 :

　斑马 bānmǎ　얼룩말

　孔雀 kǒngquè　공작

　大象 dàxiàng　코끼리

2. 녹음을 잘 듣고 알맞은 그림을 고르세요.
　정답 : 호랑이, 코끼리, 원숭이 그림

녹음 내용 :

　老虎　　호랑이

　大象　　코끼리

　猴子　　원숭이

16　快给我　　　　　　빨리 줘

듣기 :

녹음 내용 :

　比萨,　　热狗,　　肯德基,

　bǐsà　　règǒu　　kěndéjī

　피자,　　핫도그,　　캔터키 치킨

　汉堡包,　　可乐,　　鸡翅,

　hànbǎobāo　kělè　　jīchì

　햄버거,　　콜라,　　닭 날개

17　客厅里有什么?　　거실에 뭐가 있어

듣기 :

1. 녹음을 잘 듣고 정답을 고르세요.

정답 : 2) 我　　家　　有　　电视,　　沙发,　　电脑,　　床,　　电冰箱。
　　　　　wǒ　　jiā　　yǒu　diànshì,　shāfā,　diànnǎo,　chuáng,　diànbìngxiāng。

녹음 내용 : 我家有电视, 沙发, 电脑, 床, 电冰箱。

2. 알맞은 그림을 고르세요.
　　정답 : 소파, 텔레비전, 자동차, 컴퓨터, 침대, 냉장고 그림

녹음 내용 :
　　　1) 沙发 -- shāfā
　　　2) 电视 -- diànshì
　　　3) 汽车 -- qìchē
　　　4) 电脑 -- diànnǎo
　　　5) 床 -- chuáng
　　　6) 电冰箱 -- diànbīngxiāng

18 明天我去看电影　　나 내일 영화 보러 간다

듣기 :

1. 녹음을 잘 듣고 정답을 고르세요.

정답 : 3) 明天　　我　　去　听音乐,　　后天　　我　　去　　海边儿。
　　　　Míngtiān　wǒ　qù　tīngyīnyuè,　hòutiān　wǒ　qù　hǎibiānr。

녹음 내용 : 明天我去听音乐, 后天我去海边儿。

2. 알맞은 단어를 적어 보세요.

정답 :
　　　1) 海边儿

　　　2) 听音乐

3) 打字

19   你今年多大了?　　너 올해 몇 살이니?

듣기 :

1. 녹음을 잘 듣고 식구들의 나이를 써 넣으세요.

정답 : 할아버지 70세, 할머니 68세, 아빠 39세, 엄마 37세, 나 12살

녹음 내용 : 我爷爷今年 70岁, 我奶奶今年 68岁, 我爸爸今年39岁, 我妈妈今年 37岁, 我今年 12岁。

2. 녹음을 잘 듣고 정답을 고르세요.

정답 :
   1) 我今年 14 岁。
   2) 你今年多大了?
   3) 你爷爷多大年纪了?

녹음 내용 :
   1) 我今年 14 岁。
   2) 你今年多大了?
   3) 你爷爷多大年纪了?

20   我爸爸　　우리 아빠

듣기 :

1. 녹음을 잘 듣고 정답을 고르세요.

듣기평가 답안

정답 : 2) 我　妈妈　是　大夫,　我　爸爸　是　教授。
　　　　Wǒ　māma　shì　dàifū,　wǒ　bàba　shì　jiàoshòu。

녹음 내용 :　我妈妈是大夫, 我爸爸是教授。

2. 그림을 보면서 녹음 따라 읽으세요.

녹음 내용 :

　　1) 大夫 -- dàifu　의사
　　2) 教授 -- jiàoshòu　교수
　　3) 医院 -- yīyuàn　병원
　　4) 幼儿园 -- yòuéryuán　유치원

3. 녹음을 잘 듣고 한자를 써 넣으세요.

정답 :

1)
　　　Nǐ　māma　zuò　shénme　gōngzuò?
A : 你　妈妈　做　什么　工作?

　　　Wǒ　māma　shì　dàifu。
B : 我　妈妈　是　大夫。

　　　Nǐ　bàba　zài　nǎr　gōngzuò?
A : 你　爸爸　在　哪儿　工作?

　　　Wǒ　bàba　zài　dàxué　gōngzuò。
B : 我　爸爸　在　大学　工作。